WO IST PAULA?

Deutsch für die Primarstufe

1

Arbeitsbuch

a Alles Digitale zu diesem Buch kann auf der Lernplattform
allango von Ernst Klett Sprachen abgerufen werden. So geht's:

| QR-Code scannen oder **www.allango.net** aufrufen | Buchtitel oder ISBN in der Suche eingeben und auf das Buchcover klicken | Zum Inhalt navigieren, direkt abrufen oder speichern |

Ernst Klett Sprachen
Stuttgart

Von
Ernst Endt, Anne-Kathrein Schiffer, Michael Koenig, Lucrezia Marti, Nadine Ritz Udry, Claudine Brohy
unter Mitarbeit von Hannelore Pistorius

Das Lehrwerk ist eine Neubearbeitung der Titel „Der grüne Max – Deutsch für die Romandie" und „Der grüne Max 1 Neu" von Elzbieta Krulak-Kempisty, Lidia Reitzig und Ernst Endt.

Projektleitung und Redaktion Elke Sagenschneider Texte und Projekte, München
Innenredaktion Sabine Hoppe
Herstellung Carolyn Merkel
Layout Marlena Sang, Lassan
Illustrationen Nikola Lainović und Hans-Jürgen Feldhaus
Karten Theiss Heidolph
Cover Bettina Lindenberg unter Verwendung einer Illustration von Hans-Jürgen Feldhaus
Satz und Repro Fotosatz Amann, Memmingen

Informationen und zu diesem Titel passende Produkte finden Sie auf
www.klett-sprachen.de/wo-ist-paula

1. Auflage 1 $^{9\ 8\ 7}$ | 2026 25 24

Druck und Bindung Elanders Waiblingen GmbH

978-3-12-605281-8

Inhaltsverzeichnis

Meine neue Sprache

Meine Familie und ich

Dieses Buch gehört:

Vorname: _____

Nachname: _____

Schule: _____

Klasse: _____

Symbole im Arbeitsbuch

ich höre

wir sprechen

ich erzähle

ich lese

ich schreibe

du und ich

wir

wir spielen

wir singen

frag Familie und Freunde

schwere Aufgabe

Das ist Deutsch.

Ich kann Deutsch in meinem Alltag erkennen.

1  **a Wie heißen die Sachen?
Hört zu und sprecht nach.**

 **b Hör noch einmal und verbinde.**

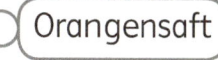
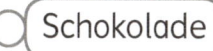

( ) Orangensaft

( ) Schokolade

( ) Zahnpasta

( ) Joghurt

( ) Shampoo

( ) Müsli

( ) Klebestift

1

2 Was passt wo? Ordne zu.

Klebestift Shampoo ~~Milch~~ Joghurt Orangensaft

~~Zahnpasta~~ Käse

~~Schokolade~~ Tee Müsli

Essen	Trinken	Anderes
Schokolade	Milch	Zahnpasta

3 Was kauft Frau Müller? Hör zu und kreuze an.

Joghurt ☐
Tee ☐
Orangensaft ☐
Shampoo ☒
Käse ☐
Schokolade ☐

4 **a Hör zu und sprich nach.**

 b Welche Buchstaben fehlen? Ergänze.

```
K L E B E [ ] T I F T
      M I L C H
          Z A [ ] N P A S T A
            B [ ] N B O N
              [ ] Ä S E
            J [ ] G H U R T
      M Ü S [ ] I
          O R [ ] N G E N S A F T
L I M O N A [ ] E
            T E [ ]
```

c Welches neue Wort siehst du in Aufgabe 4b?

S [ ] [ ] [ ] [ ] [ ] [ ] [ ] [ ]

5  **Wie heißen die Produkte?**
Schreib die Namen auf.

_____   _____

_____   _____

_____   _____

_____   _____

_____   _____

_____   _____

_____   _____

6 Was kaufen die Kinder? Hört zu und kreuzt an.

Käse Tee Butter Orangensaft Joghurt

☐ ☐ ☐ ☐ ☐

Schokolade Bonbons Konfitüre Limonade Müsli

☐ ☐ ☐ ☐ ☐

7 Wie heißen die Städte auf Deutsch? Schreibt die Namen in die Karte.

Hambourg

Βερολίνο

Dusseldorp

Lipsko Dresda

Cologne

Fráncfort

Estugarda

Münih

Guten Tag, guten Abend

Ich kann grüßen und mich verabschieden.

1 **Ergänzt.**

GU__EN   __OR__EN!

__UTE__   T__ __!

A__F W__EDE__SE__ __N!

TS__ __Ü__!

2 **Ergänze die Begrüßungen.**

   **8:00**   Guten _____!

   **13:00**   G _____!

   **19:00**   G _____!

3 **Wie kann man noch grüßen und sich verabschieden? Notiere.**

_____

_____

4   **a Wer spricht? Ergänzt und malt die Bilder an.**

Guten Morgen, Frau Bäcker.
Guten Morgen, Martin.

Auf Wiedersehen, Kinder.
Auf Wiedersehen, Herr Kaiser.

Auf Wied_____
_____

_____
_____

_____
_____

_____
_____

 b Lest die Dialoge zu zweit.

2

 6

Guten Morgen! ○

Good morning! ○

¡Buenos días! ○

Bonjour! ○

Buon giorno! ○

Groß-britannien

Deutschland

1

2

Frankreich

Schweiz

Italien

Portugal

Spanien

Καλημέρα!

Dzień dobry!

Günaydın!

Dobrý den!

Jó napot!

Buná ziua

Bom dia!

1 Tschechien
2 Österreich
3 Kroatien

Polen

Ungarn

Rumänien

3

Türkei

Griechenland

3

Ich heiße …

Ich kann mich vorstellen.

1 **a Finde die Wörter.**

Hallo/ich/heiße/MartinUnddulchheißeLisa

HalloichheißeChristianunddulchheißeEmma

HalloWieheißtdulchheißeAnnaUndwieheißtdu

b Lest zu zweit.

2 **a Macht Dialoge.**

Hallo!	Ich heiße Jakob. Und du?
Wie heißt du?	Hallo!
Ich heiße Martin.	

b Spielt den Dialog mit euren Namen.

3 Ergänze.

Hallo, wie heißt du?

Ich heiße _____ .
Und wie heißt _____ ?

_____

Hallo! _____
_____ Sophie.

Hi, _____
heiße _____ .

4 Was sagen die Kinder? Lest zu zweit.

1 **a Was möchten die Personen? Ordne zu.**

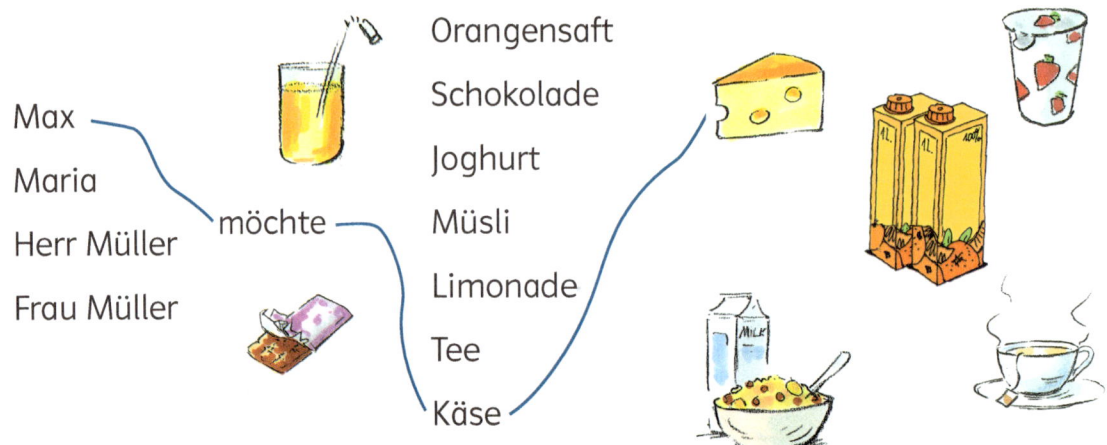

Max
Maria
Herr Müller
Frau Müller

möchte

Orangensaft
Schokolade
Joghurt
Müsli
Limonade
Tee
Käse

b Lest die Sätze zu zweit.

Max möchte Käse.

Nachdenken über Sprache

2 **a Wie heißen diese Wörter in deiner Sprache?**

Zahnpasta _____

Zahnarzt _____

Zahn _____

Orangensaft _____

Aprikosensaft _____

Bananensaft _____

Birnensaft _____

Ananassaft _____

b Interessant! Was siehst du in 2a?
Sprecht in der Klasse.

3 **Arbeitet zu zweit. Sprecht kleine Dialoge.**

Guten Morgen.
Guten Tag.
Guten Abend.

Guten Tag, Jakob.

Guten Tag, Herr Müller.

4 **Maria kauft ein. Ordne den Dialog und schreib ihn auf.**

< Guten Tag.
> Guten Tag.
< Ich möchte …

> _____
< _____
> _____
< _____
> _____
< _____

> Kein Problem ☺, hier **bitte**!
> Nein, tut mir leid, schade! ☹
< Ich möchte Schokolade, **bitte**.
> Tschüs!
< **Danke**!
< ~~Guten Tag.~~
< Auf Wiedersehen.
< Und Bonbons?
> ~~Guten Tag.~~

5 **Sehr wichtig: „bitte" und „danke"!**
Wie heißen die Wörter in deiner Sprache?

Vornamen und Geburtstage

*Ich kann deutsche Vornamen erkennen und
zum Geburtstag gratulieren.*

1  **a Welche Namen hört ihr? Kreuzt an.**

Niklas ☐ Amelie ☐ Alexander ☐ Maria ☐

Julia ☐ Otto ☐ Paula ☐ Hannes ☐ Noah ☐

 **b Hört die Namen noch einmal.
Sprecht nach und klatscht
bei der betonten Silbe.**

 **c Hört die Namen noch einmal und notiert.**

1 J U L I A

2 _ _ T _

3 _ _ _ N _

4 _ L _ _ _ _

5 _ _ _ _ S

6 _ Ö _ _

7 _ _ E _ _ _

Lösung: ☐ ☐ ☐ ☐ ☐ ☐ ☐

2 Ein Freund / Eine Freundin hat Geburtstag.
Wähle eine Karte und ergänze.

_____

zum Geburtstag _____

_____

Alles Gute _____

_____

_____

Liebe Laura! / Lieber Felix!

_____

_____

_____

_____

3 Kennst du Glückwünsche in anderen Sprachen?
Frag auch Eltern und Freunde.

Spanisch: ¡Feliz cumpleaños! _____

_____

_____

_____

5

Abc …

Ich kann das Alphabet auf Deutsch sagen.

1  **a Hört zu und singt mit.**

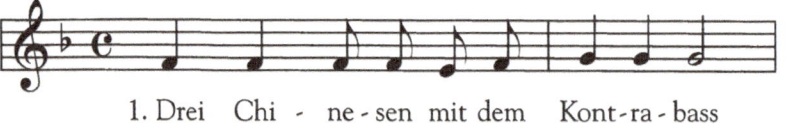

1. Drei Chi - ne - sen mit dem Kont - ra - bass

sa - ßen auf der Stra - ße und er - zähl - ten sich was.

Kam ein Po - li - zist: „Ja, was ist denn das?"

Drei Chi - ne - sen mit dem Kont - ra - bass.

b Und jetzt mit ä, ö, ü: Hört zu und singt mit.

Drä Chänäsä mät däm Känträbäss …

Drö Chönösö möt döm Köntröböss …

Drü Chünüsü müt düm Küntrübüss …

2 Hallo Hannes! Hört zu und sprecht nach. Spielt die Situation.

Hallo Hannes.
Hallo! Hannes!
Hallo? Hannes?
HALLO! HANNES!

HALLO!
HANNES!

3 Hört zu und sprecht nach.

11 **H**
Ha
Hallo
Halli**h**allo
Halli**h**allo **H**annes

4 Welche Namen hört ihr? Notiert.

12 Frau k B c ä r e _____

Herr r l e l M ö _____

Herr M r l l ü e _____

5 Partnerdiktat: Zuerst diktiert der eine, der andere notiert. Tauscht dann die Rollen.

Lea aus Leipzig

Florian aus Freiburg

Helena aus Hamburg

Benno aus Berlin

Maria aus München

Anna aus Aachen

Lea aus Leipzig

Sprachdetektiv

Ich kann deutschsprachige Texte erkennen.

1 **a Wo singt man dieses Lied? Verbindet.**

1
Frère Jacques, Frère Jacques
Dormez-vous? Dormez-vous?
||: Sonnez les matines :||
Ding ding dong, ding ding dong.

2
Are you sleeping, are you sleeping,
Brother John? Brother John?
||: Morning Bells are ringing :||
Ding ding dong, ding ding dong.

3
Bruder Jakob, Bruder Jakob,
Schläfst du noch? Schläfst du noch?
||: Hörst du nicht die Glocken? :||
Ding dang dong, ding dang dong.

4
Martinillo, martinillo
¿Dónde estás, dónde estás?
||: Toca la campana :||
Din don dan, din don dan

Groß-britannien
Deutschland
Niederlande
Österreich
Schweiz
Frankreich
Italien
Portugal
Spanien

6
Vader Jacob, Vader Jacob
Slaapt gij nog, slaapt gij nog?
||: Alle klokken luiden :||
Bim bam bom, bim bam bom.

5
Fra' Martino, campanaro,
Dormi tu? Dormi tu?
||: Suona le campane! :||
Din don dan, din don dan.

b Hört zu und kontrolliert.

c Hört noch einmal und singt mit.

Lesen und Hören

Ich kann beim Hören viele Situationen erkennen.

2 **Wo ist das? Kreuzt das richtige Bild an.**

☐ ☐ ☐

3 **Hört noch einmal und kreuzt an.**

1 Wie viele Kinder hört ihr?

☐ 1 ☐ 2 ☐ 3

2 Welches Bild passt **nicht**?

☐ ☐ ☐

3 Welche zwei Städtenamen hört ihr?

☐ München ☐ Sion ☐ Leipzig

Meine Wörter 2 ● ● ○ ●

1  **Schreib den Dialog in der richtigen Reihenfolge. Welchen Namen ergeben die Buchstaben neben den Sätzen?**

< Ich heiße Felix.   T _____

> Hallo, ich heiße Lisa.   V _____

> Wie heißt du?   C _____

< Guten Tag, Lisa.   I _____

< Nein, Katharina aus Berlin!   A _____

< Nein, ich heiße Katharina.   R _____

> Heißt du Victoria?   O _____

> Katharina aus Stuttgart?   I _____

Lösung: ☐ ☐ ☐ ☐ ☐ ☐ ☐ ☐

2  **Schreib den Glückwunsch in deiner Sprache.**

„Liebe Ute,
herzlichen Glückwunsch
zum Geburtstag!

Viel Glück und Freude!"

Nachdenken über Sprache

3 **Denk mal nach: Was ist anders? Warum?**

Lieber Peter, lieber Jan, lieber Jakob, herzlichen Glückwunsch!

Liebe Ute, liebe Laura, liebe Johanna, herzlichen Glückwunsch!

Lieber Herr Meier, herzlichen Glückwunsch!

Liebe Frau Meier, herzlichen Glückwunsch!

4 **Schreib deine Lernwörter auf Kärtchen. Arbeitet dann zu zweit. Fragt wie im Beispiel.**

Meine Stärken 1

Was kannst du schon? Kreuze nach jeder Aufgabe an:
☺ = Das kann ich.   oder   ☹ = Das kann ich nicht.

Mein Kursbuch

1 **Aktivitäten**

a Was passt? Notiere 1–6.

1 ich höre – 2 wir sprechen – 3 ich erzähle – 4 ich lese – 5 ich schreibe –
6 wir spielen

| ☐ | ☐ | ☐ | ☐ | ☐ | 1 |

b Wie heißt das in deiner Sprache?

1 Lest. _____

2 Schreibt. _____

3 Hört zu. _____

4 Sprecht nach. _____

5 Ergänze. _____

6 Arbeitet zu zweit. _____

7 Kreuze an. _____

Ich kann einfache Arbeitsanweisungen verstehen.	☺	☹	Einheiten 1–6

Hören

2 Vornamen
Hör zu. Welche Vornamen sind deutsch? Kreuze an.

1 Kathrin ☐   2 Eleni ☐   3 Nikolas ☐   4 Moritz ☐   5 Özgür ☐
6 Paula ☐   7 Gadise ☐   8 Florian ☐   9 Pedro ☐   10 Emma ☐

Ich kann deutsche Vornamen erkennen.	☺	☹	Einheit 4, A1–4

3 Begrüßen und verabschieden
Hör zu und ergänze.

1 < Guten ___ ___ ___ ___ ___ ___ , Herr Tanner.

> ___ ___ ___ ___ ___ , Maria!

2 < Hmmm! ___ ___ ___ ___ ___ , Max.

> ___ ___ ___ ___ Tag, Frau Müller.

3 < Guten ___ ___ ___ ___ ___ , Frau Hauser.

> Ach, Herr Jansen.

4 < Auf ___ ___ ___ ___ ___ ___ ___ ___ ___ ___ , Herr Kaiser.

> ___ ___ ___ ___ ___ ___ , Martin.

Ich kann grüßen und mich verabschieden.	☺	☹	Einheit 2, A1–4 Einheit 3, A3

4 Situationen

Hör zu und kreuze an: Welches Bild passt?

Ⓐ  ☐

Ⓑ  ☐

Ich kann beim Hören viele Situationen erkennen und Wörter verstehen, die ich schon kenne.	☺	☹	Einheit 1, A3 6, A3

Lesen

5 Wörter erkennen

Welche Bilder passen zur Karte? Kreuze an.

☞ **Bistro Alpenblick** ☜

Suppe	4,50
Brot mit Butter und Käse	5,50
Spaghetti mit Tomatensoße	9,50
Schnitzel mit Pommes frites	12,50

Dessert

Apfelstrudel	4,50
Eis	3,–
Schokolade „Bistro Alpenblick"	4,50
Müsli	4,50

Getränke

Tee	2,30
Kaffee	2,50
Mineralwasser	3,–
Saft	3,50

Ich kann deutsche Wörter in meinem Alltag erkennen.	☺	☹	Einheit 1, A1–5

Sprechen

6 Abc-Spiel

a Spielt zu zweit: Jeder notiert sechs Namen aus der Klasse.

1	2
3	4
5	6

b Buchstabiert die Namen. Wer ist das?

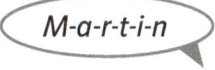 M-a-r-t-i-n

Ah, ja! Das ist Martin.

Ich kenne das deutsche Alphabet.			Einheit 5, A1–6

7 Grüßen, sich vorstellen und sich verabschieden

Spielt zu zweit Dialoge mit den Sätzen.

Hallo!   Guten Morgen.   Guten Abend.

Guten Tag.

Ich heiße …   Wie heißt du?

Tschüs!

Auf Wiedersehen.

Guten Morgen.
Ich heiße … Wie …

Hallo! Ich …

Ich kann Leute begrüßen und mich verabschieden. Ich kann jemanden fragen, wie er heißt, und mich vorstellen.			Einheit 2, A1–4 Einheit 3, A1–3

Schreiben

8 Abc

Hör zu und notiere die Namen.

1 ＿ ＿ ＿ ＿ ＿ ＿ ＿   4 ＿ ＿ ＿ ＿ ＿

2 ＿ ＿ ＿ ＿ ＿ ＿ ＿ ＿   5 ＿ ＿ ＿ ＿

3 ＿ ＿ ＿ ＿ ＿   6 ＿ ＿ ＿ ＿ ＿ ＿

Ich kann Namen aufschreiben, wenn jemand sie buchstabiert.	☺	☹	Einheit 5, A5

9 Geburtstag

Ein Freund / Eine Freundin hat Geburtstag. Ergänze die Karte.

Liebe ＿＿＿＿＿＿ / Lieber ＿＿＿＿＿＿ ,

herzlichen ＿ ＿ ＿ ＿ wunsch

zum ＿＿＿＿＿＿ tag.

＿ ＿ ＿ ＿ es Gute und viel G l ü ck!

Ich kann zum Geburtstag gratulieren.	☺	☹	Einheit 4, A5–7

Ich bin neun.

Ich kann bis zwölf zählen und mein Alter sagen.

1 **a Welche Zahlen siehst du? Notiere.**

drei ____

null ____

vier ____

eins ____

acht ____

sechs ____

neun ____

zehn ____

zwei ____

zwölf ____

fünf _5_

sieben ____

elf ____

fünf, _____

b Ergänze die Zahlen neben den Wörtern.

2 **Wie heißen die Zahlen? Ergänze.**

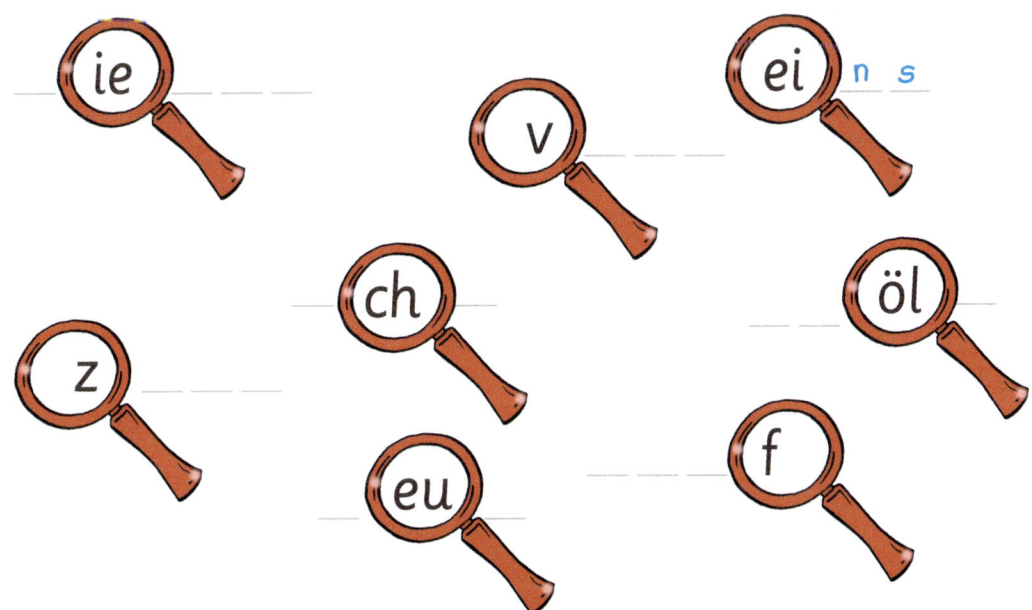

ie ____

v ____

ei _n s_

ch ____

öl ____

z ____

eu ____

f ____

3 **Finde die Zahlen und notiere sie.**

acht/einszwölfdreisechszweielfviernullzehnsiebenneunfünf

8,_____

4 **Fingerschreiber: Spielt zu zweit.**

Wie heißt die Zahl?

Hm, vier?

5 **Hör zu und ergänze.**
Rechne dann die Aufgaben.

1) 12 – ___ = _____   7) ___ + 12 = _____

2) ___ + 6 = _____   8) 1 + ___ + 1 = _____

3) 5 + ___ = _____   9) ___ – 5 = _____

4) ___ – 9 – 1 = _____   10) 7 + ___ + 1 = _____

5) 4 + ___ – 2 = _____   11) 6 + ___ + 2 = _____

6) 12 – 5 – ___ = _____   12) ___ – 4 + ___ = _____

6 a Ordne die Sätze.

☐ Ich bin neun.

☐ Hallo! Ich heiße Lisa.

1 Hallo, ich bin Florian. Und wie heißt du?

☐ Ich bin zehn Jahre alt. Und du?

☐ Wie alt bist du, Lisa?

b Hör zu und kontrolliere.

c Lest zu zweit.
Macht neue Dialoge.

7 a Ergänze die Sätze.

> bin – sechs – Er – Wie – bist – ist

Wie alt _____ du? • ○ Sie ist _____.

_____ alt ist Jakob? ○ • Ich _____ schon zehn Jahre alt.

Wie alt _____ deine Schwester? ○ ○ _____ ist neun.

b Was passt zusammen?
Verbinde.

c Lest zu zweit.

8 Wer hat diese Telefonnummer? Arbeitet zu zweit.

Wer hat diese Telefonnummer: null – acht – neun – eins – fünf – null – acht – acht – zwei – fünf – fünf?

Kofi! Und wer hat diese Nummer: null – vier – null …?

Lale	089 / 27 09 63 52
Maximilian	040 / 61 53 78 99
Laura	069 / 19 24 25 10
Paul	030 / 99 25 70 09
Sophie	040 / 28 03 53 62
Kofi	089 / 15 08 82 55

9 Such die Telefonnummern. Frag auch Eltern und Freunde.

Polizei

D: eins-_____

A: _____

CH: _____

Feuerwehr

D: _____

A: _____

CH: _____

Ambulanz

D: _____

A: _____

CH: _____

8

Deutsch, Englisch ...

Ich kann sagen, welche Sprachen ich spreche.

1 **Wie heißt die Sprache? Notiere. Ergänze noch zwei Sprachen.**

1	P	o	r	t	u	g	i	e	s	i	s	c	h
2										i	s	c	h
3										i	s	c	h
4										i	s	c	h
5										i	s	c	h
6										i	s	c	h
7										i	s	c	h
8										i	s	c	h
9										i	s	c	h
10										i	s	c	h

1 Portugal	2 Spanien	3 Italien	4 Frankreich
5 Griechenland	6 England	7 Russland	8 die Türkei

9 _____   10 _____

2 **Lies und hör zu. Kennst du die Sprachen? Ordne zu.**

Bienvenue   Welcome

Willkommen   Benvenuto

Bienvenido   Hoş geldiniz

Italienisch   Türkisch

Spanisch

Französisch   Deutsch

Englisch

3 a Was passt?

¡Buenos días!

Carmen

Καλημέρα!

Giorgos

Günaydın!

Hallo!

Hello!

Theresa

Tom

Aylin

Theresa		Türkisch
Carmen		Englisch
Aylin	**spricht**	Griechisch
Giorgos		Spanisch
Tom		Deutsch

b Frag deinen Partner: Wer spricht ...?

Wer spricht Spanisch?

Carmen.

4 Mach das Quiz. Kontrolliert dann zu zweit die Antworten.

① Wie heißen die Länder?

Türkisch

_____

Spanisch

_____

Kroatisch

_____

② Wie heißt die Telefonnummer auf Deutsch? 069 60 25 53 22

null _____

_____

_____

④ Wie heißt das Land?
tceÖrsrihe

_____

③ Was ist Deutsch?

☐ Herzlichen Glückwunsch!

☐ Tanti auguri!

☐ Happy Birthday!

⑥ Bilde Sätze.

alt / du / Wie / bist?

_____

alt / zehn / Ich / Jahre / bin.

_____

_____

⑤ Ergänze die Sprachen.

England
Englisch _____

Deutschland

_____

Frankreich

_____

⑧ Welcher Vorname ist deutsch?

☐ Miguel

☐ Michele

☐ Michael

⑦ Notiere die Zahlen.

elf neun null drei

_____

Ich wohne in Bonn.

Ich kann sagen, woher ich komme und wo ich wohne.

1  **a Woher kommen die Personen? Mach aus den Namen ein Land.**

KARIN FRECH
F R A N K R E I C H

ERICH STÖRE
_ S T _ _ _ _ _ _ C H

SAN PEIN
_ _ P _ _ I _ N

GERDA NICHELN
G _ _ _ _ _ E _ _ A _ D

PAUL TROG
_ O _ _ U _ _ L

DEN LANG
_ N G _ _ _ _

  b Macht Dialoge.

Wie heißt du?

Ich heiße Karin Frech.

Woher kommst du?

Ich komme aus Frankreich.

2   **Wählt einen Namen und eine Stadt. Schreibt einen Dialog wie im Beispiel und lest zu zweit.**

Philipp – Dresden

Katharina – Berlin

Jakob – Essen

< Wie heißt du?

> Ich heiße Alexandra.

< Und wo wohnst du?

> Ich wohne in Freiburg.

< _____

> _____

< _____

> _____

3 a Lies die Texte und ergänze die Tabelle.

Hallo! Ich heiße Hannes. Ich komme aus Deutschland und wohne in Berlin.

Hi! Ich heiße Aylin. Ich komme aus der Türkei. Ich wohne in Izmir.

Hallo! Ich heiße Marco und komme aus Italien. Ich wohne in Rom.

Wer?	Woher?	Wo?
Hannes	aus Deutschland	in Berlin

b Hör zu und ergänze. Was passt?

Spanien – London – Portugal – Madrid – England –
Frankreich – Lissabon – Paris – die Türkei – Stockholm –
Schweden – Istanbul

Wer?	Woher?	Wo?
Rafael		
Sally		
Alma		

Meine Wörter 3 ● ● ● Deutsch

1 **Zahlen: Notiere die Wörter.**

0 _____	5 __ün_____	10 __z_____
1 _____	6 __ch_____	11 _____
2 __w_____	7 __sie____	12 __zw____
3 __dr____	8 __t_____	
4 _____	9 _____	

2 **Plus, minus, ist? Rechne und notiere die Wörter.**

1) Sieben ____minus____ fünf ist zwei.

2) Drei _____ fünf _____ acht.

3) 12 – 7 = 5   Zwölf _____ fünf.

4) 3 + 8 = 11   Drei _____ elf.

5) 4 + 0 = ?   _____

6) 12 – ? = 6   _____

Nachdenken über Sprache

3 **a Was passt zusammen? Ordne zu.**

sechs   six   seven   sieben   sei   s̶i̶x̶   sette   sept

	Deutsch	Französisch	Englisch	Italienisch	Meine Sprache
6		six			
7					

b Wie heißen die Zahlen in deiner Sprache?

4 a Ordne die Dialoge. Schreib sie in dein Heft.

Dialog 1

Ich bin elf Jahre alt, und du?

Wie alt bist du?

Wie alt ist Tom?

Er ist zwölf Jahre alt.

Ich? Ich bin auch elf Jahre alt.

Dialog 2

Wo wohnst du?

Woher kommst du?

Ich komme aus Österreich, und du?

Ich wohne in Wien.

Ich komme aus Deutschland.

Ich wohne in Berlin, und du?

b Lest laut: Übt die Dialoge zu zweit.

Nachdenken über Sprache

5 a Wie heißen diese Sätze in deiner Sprache?

Ich komme aus Deutschland. _____

Ich wohne in München. _____

b Was fällt dir auf? Was ist gleich in deiner Sprache?

Meine Familie

Ich kann meine Familienmitglieder nennen.

1 **Was passt? Ergänze.**

> ~~Mama~~ – Tante – Papa – Bruder – Schwester – Oma – Opa – Onkel

M	a	m	a

		a		

ß			

	p		

	m		

		h		

	k		

		p	

2 **Hör zu: Wie sagen die Kinder? Ordne zu.**

 23

Großmutter
_____
_____

Mutter
_____

Vater
_____

Omi   Papi
Mami   Opa
Papa   Opi   Oma
Mama

Großvater
_____
_____

3 Und wie sagst du? Notiere.

Meine Mutter/Meine Mama

Meine Großmutter/Meine Oma

Mein Vater/Mein Papa

Mein Großvater/Mein Opa

4 Spielt Familienkarussell.

Ich habe einen Bruder.

Ich kann meine Familie vorstellen.

1 **Ergänze *einen* oder *eine*.**

1 Das ist **mein** Opa.   Ich habe *einen* Opa.

2 Das ist **meine** Schwester.   Ich habe _____ Schwester.

3 Das ist **meine** Katze.   Ich habe _____

4 Das ist **mein** Bruder.   Ich habe _____

5 Das ist **mein** Hund.   Ich habe _____

6 Das ist **meine** Tante.   Ich habe _____

7 Das ist **mein** Onkel.   Ich habe _____

8 Das ist **meine** Oma.   Ich habe _____

2 ***Keinen* oder *keine*? Arbeitet zu zweit und tauscht die Rollen.**

1 Hat Martin eine Schwester?   Nein, er hat ~~keinen~~/keine Schwester.

2 Ist das Martins Onkel?   Nein, er hat keinen/keine Onkel.

3 Ist das Martins Tante?   Nein, er hat keinen/keine Tante.

4 Hat Martin einen Hund?   Nein, er hat keinen/keine Hund.

3 **Ergänze.**

~~einen~~ – keine – einen – eine – einen – keinen – eine – ~~keine~~

Otto hat _einen_ (+) Bruder, aber _keine_ (–) Schwester.

Er hat auch _____ (+) Tante. Sie heißt Katharina. Leider hat

er _____ (–) Onkel. Er hat _____ (+) Oma und

_____ (+) Opa. Und er hat _____ (+) Hund. Schade,

dass er _____ (–) Katze hat.

4 **a Finde die Wörter. Lest zu zweit.**

DasistmeineOmaBrigitteMeinOpaheißtHans

IchhabeaucheinenBruderErheißtLeon

IchhubeeineKatzeaberleiderkeinenHund

b Schreib die Sätze aus 4a.

Das ist meine _____

_____

_____

_____

5 Großfamilien: Spielt in Gruppen.

Vater/Papa – Opa – Bruder – Mutter/Mama –
Oma – Schwester – Hund – Katze

Ich habe eine Mutter.

Ich habe eine Mutter und einen Vater.

Ich habe eine Mutter und einen Vater, aber keine Schwester.

6 a Lest die Dialoge zu zweit.

< Wer ist das?
< Und wie heißt er?
< Wie alt ist er?

> Das ist mein Hund.
> Bello.
> Er ist zwei Jahre alt.

< Hast du einen Bruder?
< Nein, ich habe keinen Bruder, aber eine Schwester.

> Ja, ich habe einen Bruder und eine Schwester. Und du?

 b Sprecht ähnliche Dialoge. Wählt andere Familienmitglieder.

Familie, Herkunft, Sprachen

Ich kann über Familie, Sprachen und Herkunft sprechen.

1 **a Was passt zusammen? Verbinde.**

Hat Alma einen Bruder?	Eva.
Wo wohnt sie?	Aus Deutschland.
Wie heißt die Mutter?	Englisch.
Welche Sprache spricht der Vater?	In Berlin.
Woher kommt sie?	Nein.

b Lest zu zweit.

2 **Notiere die Fragen und Antworten zu Pierre. Lest dann zu zweit.**

1 Sprache – Tante – Welche – die – spricht – ?

   Welche Sprache spricht die Tante?   Portugiesisch.

2 Pierre – Hat – Bruder – einen – ?

   _____   _____

3 alt – er – Wie – ist – ?

   _____   _____

4 wohnt – Pierre – Wo – ?

   _____   _____

5 Wie – Vater – der – heißt – ?

   _____   _____

3 **Schreib einem Brieffreund. Erzähl über dich und deine Familie.**

Hallo

ich heiße

Viele Grüße

ich komme aus   er/sie heißt

ich spreche

ich wohne in

ich bin … Jahre alt

er/sie ist

ich habe einen/eine …

4 **Was ist richtig? Hör zu und kreuze an. Kontrolliert dann zu zweit.**

1

Die Mama von Katharina heißt Sabine. Ihr Papa heißt Alexander. ☐

Die Mama von Katharina heißt Sarah. Ihr Papa heißt Andreas. ☐

2

Lukas hat eine Schwester und einen Bruder. ☐

Lukas hat eine Schwester und einen Hund. ☐

3

Der Papa von Sophie kommt aus Spanien, ihre Mutter aus Deutschland. ☐

Der Papa von Sophie kommt aus Spanien, ihre Mutter aus Österreich. ☐

4

Johannes spricht Griechisch und Deutsch. ☐

Johannes spricht Deutsch und Englisch. ☐

5

Emilia hat eine Katze und wohnt in Berlin. ☐

Emilia hat einen Hund und wohnt in Berlin. ☐

1 Ergänze die Familienmitglieder und *mein* oder *meine.*

Meine Familie

mein		meine
mein V		meine M
m O		m O
m On		m T
m B		m S
m H		meine K

2 Markiere *mein* und *meine.*

Das ist meine Familie. Wir wohnen in Hamburg. Meine Mutter, mein Vater, meine Schwester und mein Bruder. Meine Oma und mein Opa wohnen auch in Hamburg. Meine Tante Sophie und mein Onkel Hannes wohnen in Köln. Ach ja, meine Katze heißt Minka und mein Hund heißt Bello. Und ich heiße Lisa!

Nachdenken über Sprache

3 Ergänze. Wie heißen die Wörter in deiner Sprache?

Und ich?

Deutsch: mein   meine   _____

Meine Sprache: _____   _____   _____

4 Welches Bild passt zu welchem Satz?
Wie heißen die Sätze in deiner Sprache?

Ich habe einen Hund. _____

Ich habe keine Katze. _____

Ich habe einen Bruder. _____

Ich habe keine Schwester. _____

5 Ergänze: *ein . . .* oder *kein . . .*?

Philipp hat
einen Hund, aber
keine ~~Katze~~.

Selda hat
eine Katze, aber
keinen ~~Hund~~.

1 Sie hat _____ eine _____ Schwester.

2 Sie hat _____ k en _____ ~~Bruder~~.

3 Sie hat _____ e _____ ~~Tante~~.

4 Er hat _____ e _____ ~~Katze~~.

5 Sie hat _____ en _____ ~~Onkel~~.

6 Er hat _____ e _____ Oma.

7 Sie hat _____ en _____ Onkel.

8 Er hat _____ en _____ Hund.

9 Sie hat _____ en _____ ~~Hund~~.

10 Sie hat _____ e _____ Katze.

11 Er hat _____ en _____ ~~Onkel~~.

12 Er hat _____ e _____ Tante.

6 Arbeitet zu zweit: Fragt und antwortet wie im Beispiel.

Hast du einen Bruder?

Ja, *ich habe* **einen** *Bruder.*

Nein, *ich habe* **keinen** *Bruder.*

Hast du eine Katze?

Hast du einen Hund?

Hast du eine Schwester?

Hast du . . . ?

Meine Stärken 2

Was kannst du schon? Kreuze nach jeder Aufgabe an:
☺ *= Das kann ich.   oder   ☹ = Das kann ich nicht.*

Mein Kursbuch

Hören

1  **Aktivitäten**

a Was hörst du? Kreuze an.

1 lest	☐	notiert	☐
2 fragt	☐	sagt	☐
3 schreibt	☐	spielt	☐
4 malt	☐	macht	☐
5 rechnet	☐	zeichnet	☐

b Was passt zusammen? Hör noch einmal und kontrolliere.

① Notiert ———————— zu zweit wie im Beispiel.

② Fragt ———————— einen Dialog.

③ Spielt ———————— eure Eltern.

④ Macht ———————— fünf minus drei.

⑤ Rechnet ———————— die Fragen und Antworten.

Ich kann einfache Arbeitsanweisungen verstehen.	☺	☹	Einheiten 7–12

2 Hör zu und ergänze.
Wie heißen die fehlenden Zahlen?

1) _____ + _____ = 10

2) _____ - _____ = 6

3) _____ + _____ = 9

4) _____ + _____ = 7

5) _____ - _____ = 2

6) _____ + _____ = 8

Ich kann die Zahlen bis 12 verstehen.	☺	☹	Einheit 7, A1

3 Über Sprache und Herkunft sprechen
Hör zu und kreuze an.

Wer?	**Woher?**	**Wo?**	**Sprachen?**
Ozgür 	Türkei ☐ England ☐	London ☐ Lugano ☐	Englisch ☐ Türkisch ☐ Spanisch ☐
Eleni	Kroatien ☐ Deutschland ☐	München ☐ Mannheim ☐	Griechisch ☐ Deutsch ☐ Italienisch ☐

Ich kann verstehen, woher jemand kommt, wo er wohnt und welche Sprachen er spricht.	☺	☹	Einheit 8, A2–3 Einheit 9, A1–4

Lesen

4 Welche Frage ist richtig?
Markiere.

1 ‹ Wie heißt dein Bruder? / Wo ist dein Bruder? › Bruno.

2 ‹ Wie alt ist dein Vater? / Wie heißt dein Vater? › 33 Jahre alt.

3 ‹ Ist das dein Vater? / Wer ist das? › Nein, mein Onkel.

4 ‹ Wo bist du? / Woher kommst du? › Aus England.

5 ‹ Wo wohnst du? / Wie alt bist du? › In Stuttgart.

6 ‹ Wer ist das? / Wo ist das? › Meine Oma.

Ich kann schriftliche Fragen zu meiner Familie verstehen.			Einheit 11, A1–5 Einheit 12, A1–3

5 Das ist meine Familie.
Ja oder nein? Lies den Text und kreuze auf Seite 55 an.

Lieber Moritz,
ich bin Anna, deine Brieffreundin. Das ist meine Familie:
Auf dem Foto siehst du links meinen Vater. Er heißt Michael. Daneben ist mein Onkel Felix. Er ist der Bruder von Papa. Dann siehst du meinen Opa Hannes. Er besucht uns gerade zusammen mit Oma. Das ist schön! Oma heißt Katharina. Oma und Opa wohnen in Leipzig. In der Mitte steht meine Mutter Julia, sie ist Lehrerin. Dann siehst du mich und daneben meine Oma. Rechts ist mein Bruder. Er heißt Max und ist sieben Jahre alt. Er spielt Gitarre.
Ich habe auch einen Hund, aber er ist nicht auf dem Foto.
Bitte schreib mir bald!
Herzliche Grüße
Anna

	Ja	Nein
Der Vater von Anna heißt Michael.	☒	☐
Der Onkel heißt Hannes.	☐	☐
Julia ist die Mutter von Anna.	☐	☐
Max ist neun Jahre alt.	☐	☐
Er spielt Tennis.	☐	☐
Die Oma heißt Katharina.	☐	☐
Der Vater hat eine Schwester.	☐	☐
Anna hat keinen Hund.	☐	☐

Ich kann Informationen über eine Familie verstehen.	☺	☹	Einheit 11, A1–5 Einheit 12, A1–3

Sprechen

6 Über Alter und Herkunft sprechen
Macht Dialoge. Spielt zu zweit.

Wie … bist du?

Wie … du?

Wo wohnst …?

Woher … du?

Hallo!

Hi!

Tschüs!

Ich … in …

Ich komme aus …

Ich heiße …

Ich … … Jahre alt.

Hallo! Ich heiße …
Und du?

Hallo! Ich heiße …
Wie alt bist du?

Ich kann sagen, wie alt ich bin, woher ich komme und wo ich wohne.	☺	☹	Einheit 7, A6 Einheit 9, A1–2

7 **Telefonnummern**

a Notiere deine Telefonnummer. Diktiere sie dann deinem Partner / deiner Partnerin.

b Notiere die Telefonnummer von deinem Partner / deiner Partnerin.

Meine Telefonnummer: Telefonnummer Partner / Partnerin:

_____ _____

c Lest die Telefonnummern laut und kontrolliert. Richtig?

Ich kann eine Telefonnummer nennen und aufschreiben.	☺	☹	Einheit 7, A1 Einheit 7, A7–8

Schreiben

8 **Über Familie, Sprache, Herkunft schreiben**
Stell eine Person aus deiner Familie vor.

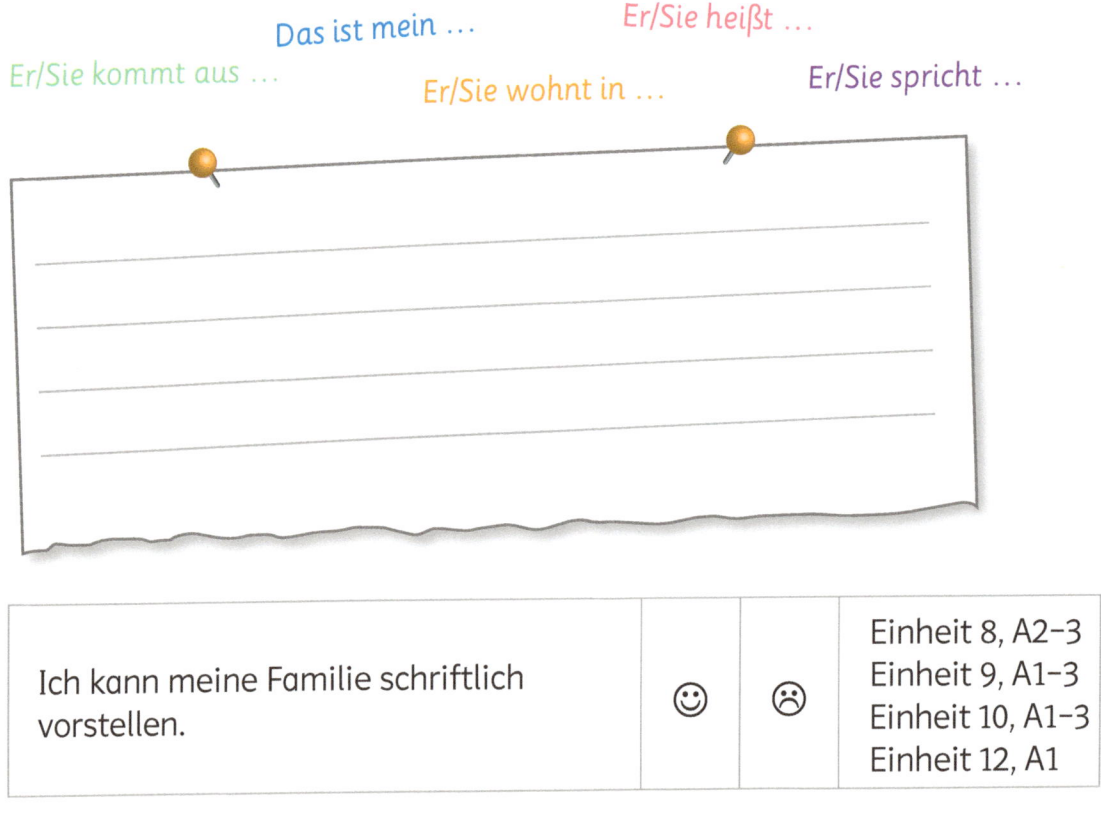

Das ist mein …
Er/Sie heißt …
Er/Sie kommt aus …
Er/Sie wohnt in …
Er/Sie spricht …

Ich kann meine Familie schriftlich vorstellen.	☺	☹	Einheit 8, A2–3 Einheit 9, A1–3 Einheit 10, A1–3 Einheit 12, A1

Wind und Wetter
Kunterbuntes

1 Bastelt eine Wetteruhr.
Ihr braucht:

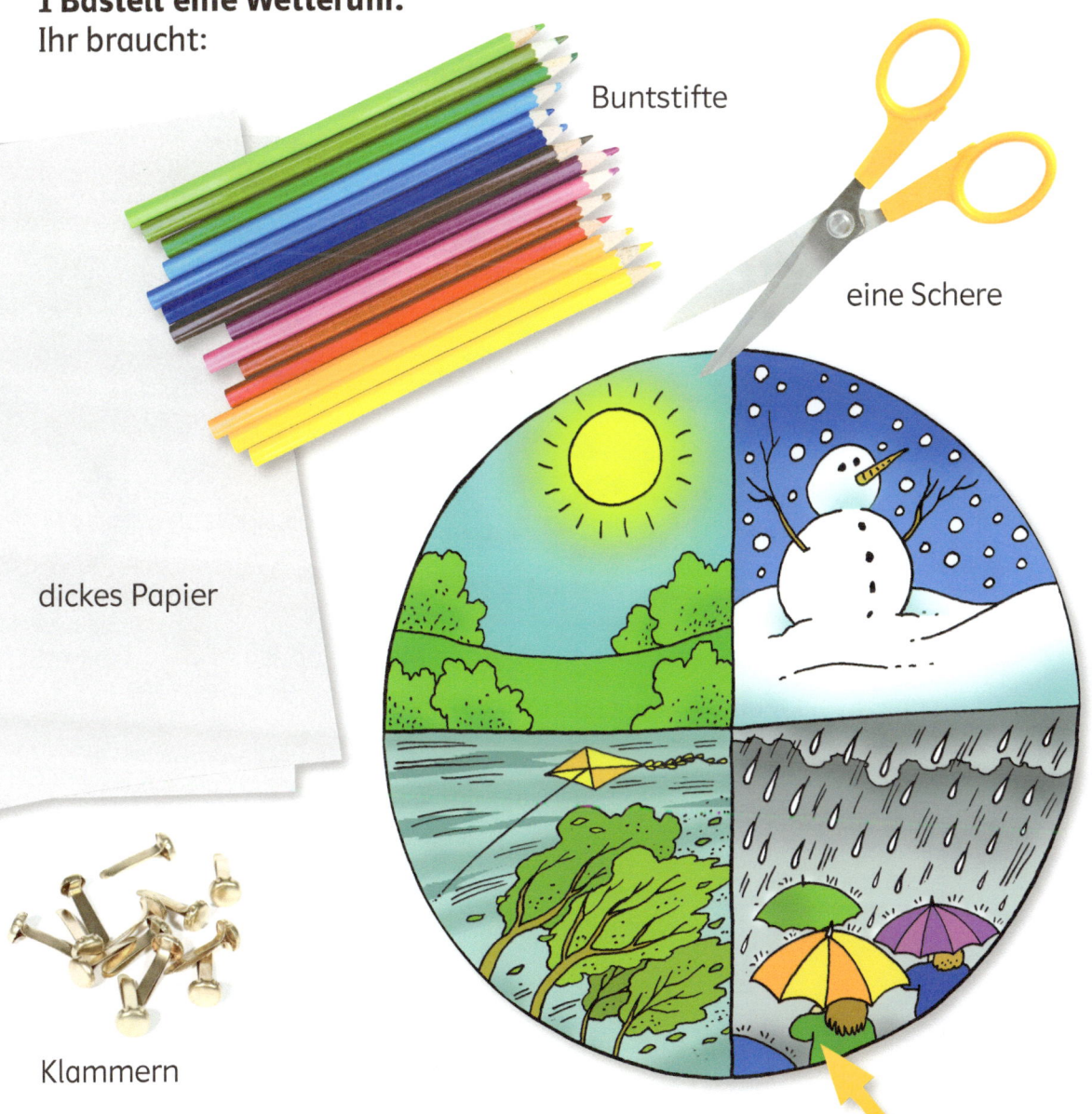

Buntstifte

eine Schere

dickes Papier

Klammern

Malt ein Wetter-Bild auf das Papier.
Malt Zeiger.
Schneidet das Bild und die Zeiger aus.
Macht die Zeiger in der Mitte des Bildes mit den Klammern fest.

Jetzt könnt ihr jeden Tag das Wetter in der Klasse zeigen.

Kunst

1 Bastelt Kastanienmännchen.

Dafür braucht ihr:

Kastanien

Streichhölzer

ein kleines Messer oder   eine Schere

 **2 Hört zu und singt mit.**

Regenlied

Regen, Regen, tropf, tropf, tropf,
fällt auf meinen Kopf, Kopf, Kopf,
fällt auf meine Beine.
Liebe Sonne, scheine.

1 Bastelt einen Schneeball-Fangbecher

Dafür braucht ihr:

einen leeren Joghurtbecher

eine Schere

ein Stück Wolle (50 cm)

einen kleinen Ball oder eine Kugel Watte

Macht mit der Schere vorsichtig ein Loch in den Joghurtbecher und knotet die Wolle innen gut fest.

Macht an das Ende der Wolle einen „Schneeball": einen kleinen Ball oder eine Kugel Watte.

Wenn ihr mögt, könnt ihr den Joghurtbecher auch mit buntem Papier verzieren.

Versucht, den Schneeball mit dem Becher zu fangen. Wer schafft's?

1 Das Kresse-Experiment
Dafür braucht ihr:

Wasser

Kressesamen

Watte

Legt die Kressesamen auf die Watte.
Macht die Watte nass.
Wartet ein oder zwei Tage.
Was passiert?

Sommer

1 Malt Sandbilder.
Dafür braucht ihr:

Kleister

Sand

einen Löffel

Papier

Wasserfarben und
einen Pinsel

eine Schere

Rührt einen Löffel Kleisterpulver in ein Glas Wasser.
Rührt Sand in den Kleister.
Pinselt Sand und Kleister auf das Papier.
Lasst das Papier trocknen.
Malt das Papier mit Wasserfarben an.
Schneidet das Bild aus.

Lösungen: Meine Stärken 1

1 **a**  5 ich schreibe – 2 wir sprechen – 4 ich lese –

6 wir spielen – 3 ich erzähle – 1 ich höre

2 1 Kathrin – 3 Nikolas – 4 Moritz – 6 Paula – 8 Florian – 10 Emma

3 1 < Guten **Morgen**, Herr Tanner.   3 < Guten **Abend**, Frau Hauser.
    > **Hallo**, Maria!   > Ach, Herr Jansen.
   2 < Hmmm! **Hallo**, Max.   4 < Auf **Wiedersehen**, Herr Kaiser.
    > **Guten** Tag, Frau Müller.   > **Tschüs**, Martin.

4 Bild A

5  Butter   Käse   Schokolade

Müsli   Tee   Saft

7 Beispiel:
< Hallo! Wie heißt du?
> Hallo! Ich heiße Anna. Und wie heißt du?
< Ich heiße Veronika. Tschüs!

8 1 Florian – 2 Maximilian – 3 Julia – 4 Georg – 5 Emma – 6 Hans

9

Liebe Maria, / Lieber Max,

herzlichen **Glück**wunsch

zum **Geburts**tag.

Alles Gute und viel **Glü**ck!

Lösungen: Meine Stärken 2

1   **a** 1 notiert – 2 fragt – 3 spielt – 4 macht – 5 rechnet

     b 1 Notiert die Fragen und Antworten. – 2 Fragt eure Eltern. – 3 Spielt zu zweit wie im Beispiel. – 4 Macht einen Dialog. – 5 Rechnet fünf minus drei.

2   1) $5 + 5 = 10$ 2) $12 - 6 = 6$ 3) $4 + 5 = 9$ 4) $3 + 4 = 7$ 5) $10 - 8 = 2$ 6) $1 + 7 = 8$

3   Ozgür: Woher? Türkei – Wo? London – Sprachen? Türkisch und Englisch
     Eleni: Woher? Deutschland – Wo? München – Sprachen? Deutsch und Griechisch.

     1 < Wie heißt dein Bruder? > Bruno. – 2 < Wie alt ist dein Vater? > 33 Jahre alt. – 3 < Ist das dein Vater? > Nein, mein Onkel. – 4 < Woher kommst du? > Aus England. – 5 < Wo wohnst du? > In Stuttgart. – 6 < Wer ist das? > Meine Oma.

5   Der Vater von Paula heißt Michael. (Ja) – Der Onkel heißt Hannes. (Nein) – Julia ist die Mutter von Paula. (Ja) – Max ist neun Jahre alt. (Nein) – Er spielt Tennis. (Nein) – Die Oma heißt Katharina. (Ja) – Der Vater hat eine Schwester. (Nein) – Paula hat keinen Hund. (Nein)

6   Beispiel:
     < Hallo! Ich heiße Sarah. Und wie heißt du?
     > Hi! Ich heiße Anna.
     < Wie alt bist du, Anna?
     > Ich bin neun Jahre alt, und du?
     < Ich bin zehn. Und woher kommst du?
     > Ich komme aus Deutschland. Und du?
     < Ich komme aus Österreich. Wo wohnst du?
     > In Köln. Und wo wohnst du?
     < In Wien. Tschüs!
     > Tschüs!

8   Beispiel:
     Das ist meine Tante. Sie heißt Sally. Sie kommt aus England, aber sie wohnt in Deutschland, in Frankfurt. Sie spricht Deutsch und Englisch.

Quellen

S. 5   Saft: © Eckes-Granini Deutschland GmbH; Müsli: © Dr. August Oetker Nahrungsmittel KG; Klebestift, Shampoo: © Henkel AG & Co. KGaA, Düsseldorf; Joghurt: © Weihenstephan; Zahnpasta: © Unilever Deutschland Holding GmbH; Schokolade: © Chocoladefabriken Lindt & Sprüngli AG

S. 7   Joghurt, Milch: © Weihenstephan; Klebestift: © Henkel AG & Co. KGaA; Müsli © Dr. August Oetker Nahrungsmittel KG; Käse: © Bergader Privatkäserei GmbH; Zahnpasta: © Unilever Deutschland Holding GmbH; Bonbons: © AUGUST STORCK KG; Limo: © Eckes-Granini Deutschland, Die Limo von granini; Saft: © Eckes-Granini Deutschland GmbH; Tee: © Meßmer

S. 8   Sabine Hoppe

S. 20   Lied: *Drei Chinesen mit dem Kontrabass*; traditionell

S. 22   Lied: *Bruder Jakob*; traditionell

S. 23   oben li.: © Deutsche Bahn AG / Uwe Miethe; oben Mitte: Shutterstock (Paolo Gianti), New York; oben re.: Fotolia.com (hxdyl), New York; unten li.: Shutterstock (Monkey Business Images), New York; unten Mitte: Dieter Mayr; unten re.: Shutterstock (Hannamariah), New York

S. 25   oben li.: Fotolia.com (leroy131), New York; oben re.: Fotolia.com (Kzenon), New York; Mitte li.: Shutterstock (StockLite), New York; Mitte re.: Shutterstock (kurhan), New York

S. 28   li.: iStockphoto (gchutka), Calgary, Alberta; re.: Fotolia.com (Michelle D. Parker), New York

S. 34   Fotolia.com (JiSIGN), New York

S. 36   oben li.: Shutterstock (Gelpi JM), New York; oben Mitte: Shutterstock (GoneWithTheWind), New York; unten li.: Shutterstock (Brainsil), New York; unten Mitte: Shutterstock (MarKord), New York; unten re.: Shutterstock (Gelpi JM), New York

S. 51   li.: Shutterstock (Pressmaster), New York; re.: Shutterstock (Vadym Drobot), New York

S. 54   Fotolia.com (Fotofreundin), New York

S. 57   Papier: Shutterstock (Zhukov), New York; Stifte: Fotolia.com (WavebreakMediaMicro), New York; Schere: Shutterstock (Serg64), New York; Musterklammern: Fotolia.com (sonne07), New York

S. 58   Männchen: Fotolia.com (Karina Baumgart), New York; Kastanien: Fotolia (Andrea Wilhelm), New York; Streichhölzer: Fotolia (Dieter Pregizer), New York; Schere: Shutterstock (Serg64), New York; Mädchen: Shutterstock (mangostock), New York; Regenbogen: Shutterstock (MP_P), New York; Lied: *Regenlied*; traditionell

S. 59   Sabine Hoppe

S. 60   Samen: Fotolia.com (focus finder), New York; Flasche: Shutterstock (Bomshtein), New York; Watte: Fotolia.com (rsester), New York; Kresse: Fotolia.com (M. Schuppich), New York

S. 61   Löffel: Fotolia (Viktor), New York; Kleister: Helen Schmitz; Sand: Fotolia.com (Anna Kucherova), New York; Schirmchen: Fotolia (by-studio), New York; Wasserfarben: Fotolia.com (AD), New York; Papier: Shutterstock (Zhukov), New York; Hand: Dreamstime.com (Soleg1974), Brentwood, TN; Schere: Shutterstock (Serg64), New York

Audios zum Arbeitsbuch
Jugendliche Sprecher: Fabienne Damessi Akoller, Marco Diewald, Sarah Diewald, Mika Esch, Manuel Haimerl, Tim Haimerl, Felix Holz, Christian Noaghiu, Luca Pauli, Mia Preyß, Marilena Reher
Erwachsene Sprecher: Julia Cortis, Saskia Mallison, Jakob Riedl, Anne-Kathrein Schiffer, Helge Sturmfels, Peter Veit
Musikproduktion, Aufnahme und Postproduktion: Christoph Tampe, Plan 1, München
Lieder *Drei Chinesen mit dem Kontrabass* und *Bruder Jakob:* Interpretation: Annalisa Scarpa-Diewald, Gesang: Anne-Kathrein Schiffer, Sarah und Marco Diewald, Manuel und Tim Haimerl, Mia Preyß, Marlena Reher; *Regenlied* aus „Meine Freunde und ich", G. Kniffka u.a., Langenscheidt KG, 2005, Chorleitung: Ruth Kaerger, Chor und Instrumente: Florian, Katharina, Lisa und Tim Fuchs, Tim Leimbach, Boris Stein
Regie: Elke Sagenschneider, Helen Schmitz und Anne-Kathrein Schiffer
Laufzeit: 22:36 Min.